José Antonio Buil

NADA EN COMÚN

XXVI Premio Nacional de Poesía «Rodrigo de Cota»
Excmo. Ayuntamiento de Toledo (2000)

PRÓLOGO: Consuelo Jiménez de Cisneros

AUDIOLIBRO

EDITORIAL CUADERNOS DEL LABERINTO
—ANAQUEL DE POESÍA, n.º 144—
MADRID • MMXXIV

El papel utilizado para la impresión de este libro, fabricado a partir de madera procedente de bosques y plantaciones sostenibles, es cien por cien libre de cloro y está clasificado como papel reciclado.

Primera edición: octubre 2024

I.S.B.N: 978-84-18997-95-2
Depósito legal: M-21638-2024

Impreso en España.

www.cuadernosdelaberinto.com

PRÓLOGO

José Antonio Buil quiere reeditar su poemario *Nada en común* y me pide un Prólogo. Nos separa un largo verano de kilómetros, así que sus versos cruzan la península primero en forma de pdf y luego en la de bellos libros impresos que arriban en un paquete postal como en los viejos tiempos. Buil sabe que conozco algo su poesía, pero ha seleccionado unos cuantos poemarios para que los tenga en cuenta.

Nada en común obtuvo el XXVI Premio Nacional de Poesía «Rodrigo de Cota» del Ayuntamiento de Toledo en 2000 y fue impreso en 2014. Han transcurrido, por tanto, veinticuatro años desde que se escribió. Un tiempo en el que el autor ha escrito y publicado otros poemarios que vale la pena recordar. La mayoría de ellos han sido premiados, lo que revela el aprecio que la poesía de Buil ha conseguido en los más diversos ámbitos. En la sección de Reseñas de la revista digital «El Cantarano» ya nos detuvimos en dos poemarios que abren y cierran -hasta la fecha- el recorrido poético de Buil: *Primeras manchas* y *Unbuilt*.

Esta reedición de *Nada en común* no es la primera en el caso de Buil, que vuelve, una y otra vez, sobre su poesía, como hiciera el gran **Juan Ramón Jiménez**. Así sucede con el mencionado *Primeras manchas*, un libro que recoge dos poemarios diferentes: «Pudor en piscis» y «Tiempo de excava». Son poemarios iniciales, premiados y publicados en los comienzos de los años noventa. El autor cultiva en ellos un fino erotismo que actualiza la visión clásica del tema y un moderno género como sería el micropoema, que aparecerá también más adelante como microrrelato en su libro posterior, *Extravío*.

Pocos años después, en el quicio entre el siglo XX y el XXI, se publica *Poemas desde la frontera* (Ed. Endymion, Madrid, 1999). Poemario que obtuvo el Premio Nacional de Poesía José Luis Hidalgo en 1998. Emili Rodríguez Bernabeu firma el Prólogo y medita en él sobre esa frontera: «el sentimiento de permanecer en una periferia vital». Cada poema es una reflexión que inserta al poeta en un universo que él trata de desentrañar, donde busca ubicarse. Desde la sencillez, sin envaramiento alguno. Porque la poesía de Buil es como una reflexión a media voz que un amigo pudiera hacer a otro compartiendo su experiencia. Pese a su amplia cultura que une lo humanístico a lo científico, el poeta, cuanto escribe poesía, no es erudito, ningún verdadero poeta puede serlo. La palabra mejor es la más simple. Y esa es la que el poeta utiliza, con la que llega al espíritu del lector.

Ad Infinitum (Ed. Aguaclara, Alicante, 2005) comparte con *Nada en común* todo el universo referencial del poeta, no solo temático, sino estilístico, que se va asentando y reafirmando en cada poemario, en una ascensión lírica que no se sale de la línea trazada. Es un modo de escribir poesía libre, reflexivo, con versos sorprendentes, cuidadosamente desaliñados, como esa Pepita Jiménez que tardaba tanto en arreglarse porque no parecía querer mostrar que se había arreglado. *Ad Infinitum*, título siempre intencionado, como todos los de Buil, se convierte en un libro muy especial por ir acompañado cada poema de un comentario de Ramón Sancho. Sin duda es un privilegio para cualquier poeta que sus versos sean debidamente glosados. La glosa, ejercicio retórico de origen medieval cuya vigencia perdura, se convierte en el mejor homenaje que se puede hacer a un texto. **San Juan de la Cruz**, patrón de los poetas, se autoglosaba a pesar de que, o precisamente porque sus versos, excelsos e inefables, podrían entenderse de muchos modos, algunos peligrosos en su época. En el caso del poemario de Buil, se revelan los referentes -históricos, culturales, estéticos- del autor. Su amplio conocimiento de nuestras fuentes literarias esenciales. Su capacidad para citar a Luis García Montero y a la diosa Tanit, y a Euclides, y a Venus, y a Antonio Gracia. Todo un plural universo de referencias que forma parte del estilo peculiar de Buil.

Otro título a tener en cuenta para entender mejor la evolución literaria de este médico poeta es *Extravío*, subtitulado «Poemas y divagaciones», que se publica en La Bañeza, León, en 2008 (Monte Riego Ed.). Hay que recordar que Buil dispersa sus versos por las más diversas editoriales y convocatorias de la geografía española. Este libro armoniza sus dos partes; la primera consiste en una sucesión de poemas en torno a un tema esencial de la poesía: el tiempo, tema tan ligado a la filosofía, entendida como expresión de pensamiento consciente y deliberado sobre la vida. Y eso es lo que se recoge en los breves, a veces brevísimos textos de sus «Divagaciones». Brevedad sintética que produce la emoción del logro, como la flecha que da repentinamente en el centro de la diana. Se adscriben estas divagaciones a un género literario de raíces latinas que marcó su cénit en el barroco con el conceptismo de **Quevedo** y **Gracián**. Admirables definiciones en una línea donde lo lírico, lo irónico y lo melancólico caminan juntos: «La felicidad consiste en tener las cosas a mano». «El sufrimiento es indestructible».

Finalmente, en lo que concierne a este somero repaso por la producción poética de Buil, su poemario más reciente se titula *Unbuilt* (Cuadernos del Laberinto, Madrid 2022). Es un poemario que aporta una perspectiva novedosa al unir poesía y arquitectura. Pero el autor no se dedica, como podría pensarse, a deleitarse ante edificios emblemáticos, sino a detenerse ante aquellos cuya existencia fue meramente virtual. Edificios que nunca se acabaron o incluso que nunca se iniciaron, que se quedaron en un sueño sobre un papel. «Desarquitecturas», como escribe el poeta. O lugares y objetos que no alcanzan la condición de edificios más que de un modo metafórico: los moáis de la Isla de Pascua, por ejemplo. O espacios imaginarios como la Atlántida. Afirma en su Prólogo Rodríguez Bernabeu que el autor juega con su apellido, que, leído a la inglesa, se parecería a la palabra «construido». Y eso es justo lo que persigue el poeta: construir, construirse. Pero advierte que la construcción total es hazaña imposible, que el ser incompleto que nunca acaba de ser del todo, que siempre está en la tensión inacabable de la flecha en el arco, forma parte de la esencia de lo humano, define al ser humano.

Y eso es lo que sucede con el libro que nos ocupa: *Nada en común*. El libro no ha terminado, necesita nacer de nuevo. El hecho de que Buil quiera rescatarlo y devolverlo a la actualidad nos lleva a algunas consideraciones. La primera es que el autor demuestra un aprecio especial hacia estos versos que no han envejecido. Hace poco escribía yo a la poeta Rafaela Lillo que «la poesía no es un árbol de hoja caduca».

La poesía está por encima del espacio y del tiempo. Asombra pensar que versos trazados por hombres y mujeres de distintos y remotos países y de distintas y remotas épocas nos sigan emocionando. Versos que, en ocasiones, ni siquiera comparten los códigos linguísticos, que viajan de uno a otro idioma, pero que, no obstante, nos admiran y nos tocan el corazón. El secreto de la verdadera poesía es que nunca muere.

Nada en común ya es un título, de por sí, provocativo. Atrevido título en unos tiempos donde formar parte de un rebaño de cualquier índole parece obligado para vivir en sociedad. Esa aparente negación absoluta no es lo habitual. A la gente le gusta buscar lo que hay en común, parece que eso les refuerza y les da seguridad. Un libro con este título nos da idea de la fuerte personalidad de su autor. Pero también resalta, en mi singular relación con este poemario como lectora y comentarista, una singular paradoja: no puedo decir que no tengo «nada en común», sino todo lo contrario. Empezando por el prologuista de la edición primigenia de 2014, cuyo segundo apellido es mi nombre de pila y que fue profesor de literatura en un país, Holanda, donde yo también estuve destinada como profesora de lengua y literatura durante seis años. La cita de **Rilke**, quien sugiere acercarse a las cosas cuando no hay nada en común con las personas, me retrotrae a mi poemario «Aquella luz, aquellas sombras» (Instituto Gil Albert, 2009) donde las cosas, incluso las más diminutas, cobran importancia por lo que significan, e inevitablemente nos llevan a las personas. Rilke fue el poeta con el que inició su prólogo de mi libro «Con las manos alzadas» nuestro recordado Vicente Ramos.

El autor estructura su poemario en tres partes más un Apéndice que consiste en un poema final precedido de una cita de **Cesare Pavese** que nos lleva a otro tema con el que tenemos mucho en común, no solo Buil y yo, sino todos los poetas sin excepción: el tema del tiempo, que ya hemos señalado que está presente en versos anteriores del autor. Otro tema también compartido, universal, es el amor, que se conjuga en tantas diversas formas proteicas como poetas hay y ha habido sobre la tierra. En el caso de Buil, el amor es búsqueda: «Amar a tientas» es como rotula la tercera parte de su poemario, y esa expresión sería una paronomasia de esa otra de «andar a tientas», esto es, sin ver con precisión lo que tenemos delante o a dónde nos dirigimos. Como acertadamente escribe su primer prologuista, Joaquín Rico Consuelo, «sigue en pie la búsqueda insatisfecha sin la que, tal vez, no habría poesía importante». Búsqueda del amor que comparte, pero también del sentido de la vida, ese punto donde, de nuevo, poesía y filosofía se dan la mano. Y así ocurre en la segunda parte, «La hora de Lacan». Esta parte nos desvela la condición de médico, pensador y poeta que se funden en el autor, recordando que Jacques Lacan fue médico psiquiatra, pero también filósofo y esteta y un agitador cultural de primer orden del siglo XX al que Buil rinde homenaje en sus versos.

Reviso el índice y soy conciente de que he empezado a comentar el poemario por su última parte y ahora solo me queda aludir a la primera. Pero desvelaré mi extravagante costumbre de leer los poemarios que me interesan del derecho y del revés, es decir, empezando por el principio y posteriormente releyéndolos desde el final, experiencia que recomiendo a los amantes del verso. Vuelvo, pues, a la primera parte, «Meditaciones». Meditar es la única actividad que nos separa de todos los demás seres vivos, que nos humaniza y distingue (con permiso de quienes piensan que el ser humano vale lo mismo que un mamífero, un insecto o una planta). Meditar es lo que hicieron **Marco Aurelio** y **Cervantes** y **García Lorca**, entre otros muchos hombres y mujeres que no han pasado a la historia, pero fueron capaces de vivir una vida que iba más allá de la pura biología.

¿En qué consisten las Meditaciones de Buil? Justamente en buscar ese sentido de la vida que persiguen, cada uno a su modo, el místico y el científico, el filósofo y el poeta. «Hacer y deshacer / el nudo de la cuerda que ciñe nuestra vida», escribe Buil. Con inevitables realidades que nos atan al planeta, porque, indiferente a la observación del ser humano «la tierra impone su mineral constancia». El rito, el invento de lo prodigioso, tratan de explicar y justificar la vida. El amor, la magia, la memoria, la poesía, el tiempo. Con todo ello nos encontramos en los trazos de estos versos.

Como conclusión diría lo que más me atrae de la poesía de Buil. Lo telúrico, la materia de que está hecho el mundo y lo íntimo y espiritual se combinan en sus versos, que llevan tantos años acompañando esa otra vida privada y secreta que solo tienen los poetas.

Consuelo Jiménez de Cisneros
Catedrática de Lengua y Literatura española

Ribadeo, agosto de 2023

PRESENTACIÓN
de la primera edición

Pocos serán los poemarios que consigan despertar en el lector, de manera casi inmediata, el reconocimiento de vivencias y actitudes que le abran horizontes más amplios, que le recuerden más profundas intimidades. Pues eso es exactamente lo que para mí significó la lectura del primer poema de este libro (*Nada en común*) de José Antonio Buil. Se inicia con él un poemario complejo, misterioso a veces, nunca hermético, en el que suena la voz que conocía desde la lectura de *Extravío* (2008), donde impera la misma voluntad constructiva de elementos diversos. Se compromete el autor desde el primer texto a profundizar: «hacer y deshacer / el nudo de la cuerda que ciñe nuestra vida». Todo un programa que se va desarrollando en el curso de las tres partes en que se divide el poemario, claramente separadas y diversas, tanto por el tema o contenido como por la dicción que, dentro de su unidad, presenta sutiles diferencias pragmáticas. La primera parte se refiere a la posición vital del que podríamos llamar sujeto poético del libro; la segunda refleja una crisis psicológica; y el tema de la tercera es la relación personal y amorosa. Se trata, por supuesto, de espacios temáticos complejos y flexibles.

Cada libro es un mundo, un planeta que sin embargo se halla en el universo literario. El que nos presenta José Antonio Buil me ha hecho pensar a veces en **Paul Celan**, no tanto en la poesía del atormentado escritor, sino en la posición que manifiesta en su famoso discurso de 1960 (*El meridiano*) al recibir el premio Georg Büchner, y además, en vista del tono reflexivo y descreído del poemario que nos ocupa, al recordar el interés de Celan por la filosofía existencialista, sin que ello perjudicase la pureza de su dicción. El difícil arte de la poesía reflexiva, que solo pueden practicar con éxito los buenos escritores. «La realidad no existe, quiere ser buscada y conquistada», dijo Celan en una entrevista matizando, con su característico estilo conciso, la juvenil posición de Rimbaud. Pues bien, ya en el primer poema del libro quiere Buil «hallar», «contemplar en la calma de las cosas / la llama del candil interior que las alumbra», pero también «hacer y deshacer», conquistar, en resumen. He subrayado «interior» porque esa puntualización me parece importante. El poeta tiene, indudablemente, interés por el mundo, tanto el físico y humano como el espiritual, pero ese interés parece curvarse como el vuelo del *bumerang* y regresar al punto de origen, la búsqueda y obtención de la realidad interior, la más auténtica («el silencio en lo hondo de nosotros»). Así explora y exige el libro para negarse finalmente conquistando el silencio. Y ¿qué es lo que ha ido hallando el poeta cuando creía, tras azarosa singladura, haber encontrado la playa deseada? Pues no otra cosa que «mar y barcas vacías», «súbitos arrecifes / y falsos varaderos»; pero ah, tierra adentro, «la soledad que rinden / los páramos míos». El problema es que la vida, la que hay que hacer y deshacer, aunque allá en el horizonte deseado (playa o páramo) dé pábulo a la esperanza, se empeña en presentar su malhumor. En cada amanecer «se nos revela el temor a un mundo vacío», «lo que nos sobrecoge». Así llega la segunda parte, que el poeta titula «*La hora de Lacan*», hora de psicosis, de sombras, de presagios, de muerte. En esta segunda parte cambian tanto las imágenes como el estilo: la sintagmática da a veces la impresión de ser más fragmentaria o heterogénea, y los sueltos entre paréntesis del final de algún poema suenan como el disparo del cazador que abate el ave y la devuelve a la tierra. Tras ese difícil período, el sujeto poético parece sin embargo recuperarse y hasta se atreve a desnudarse en sus versos ante la amada, aunque al final le pregunta si, al mirarlo, «no ve(s) algo más / que encendidas palabras». Desconfianza, no al parecer sin motivo. El problema es de nuevo la distancia, la incomprensión, la falta de compenetración con ese mundo ajeno de la amada: «y aún, amor, no sé quien eres, / pues igual que amaneces a la luz del alba, / habitas en la sombra de aquellas pirámides».

Como lector tradicional, uno tiende a considerar la división en partes como una argucia del poeta para introducirle en una nube de diferentes colores que al final obnubilan su visión de conjunto, creando un ambiente de cierto misterio, en el que cada una de las partes emerge cual sorprendente aparición. Porque la tentación interpretativa y totalizadora es muy fuerte. Ese convencimiento, ese *instinto intelectivo*, nos hace, pues, desconfiar de la fragmentación, de la división en partes sin aparente relación temática. Y ello, a pesar de encontrarnos en la era de lo «postmoderno», que, sin dar lugar a escuelas o estilos determinados, ha creado un ambiente que flota en la atmósfera cultural y artística, y toma a veces cuerpo a ambos lados del Atlántico. Desde que **Susan Sontag** en 1966 publicara su crítica a la interpretación «intelectualista» del contenido de la obra literaria, en el ámbito académico se ha escrito mucho (tal vez demasiado) sobre el arte, la literatura, la poesía «postmodernas», en relación con cuestiones como la identidad, la coherencia o la autonomía del texto poético. Pues bien, a pesar de la apariencia de diversidad de las tres partes de la obra que comento, intuyo, como lector «modernista», una unidad y coherencia en la totalidad del libro, en una poesía que por muchos conceptos que sería enojoso enumerar, supera las viejas tendencias del modernismo europeo y llega incluso a dar la vuelta a sus espaldas, adentrándose en las minas de la tradición. En cualquier caso, me aventuro a una interpretación del conjunto de la obra, y que se centraría en el motivo de la *búsqueda* del núcleo o esencia, la paz o calma interior, y el *rechazo* de cotidianidad del mundo. Tras el fracaso de aquel hacer y deshacer con los versos esa realidad negativa, el sujeto poético se retrae y busca refugio en un amor que finalmente no le satisface por lo inabordable y ajeno de la persona amada, y por la caducidad de la relación. Así que sigue en pie la búsqueda insatisfecha sin la que, tal vez, no habría poesía importante: «Tañe a lo lejos la palma del rapsoda... /...su vano transitar por estas cuencas / de agudas estacas y extensos desmontes...»

Si nos atenemos a este somero esbozo interpretativo, que desde luego deja mucho de lado, sube de grado la admiración por los excelentes poemas que marcan el final del libro en un acertado intento de superación (*De nuevo contemplo a solas..*», «*Llegará un día, amor..*», «*Paseamos la tarde en los caminos..*) para acabar en el magnífico poema final (*No serían más de las cinco de la tarde*), una sincera oda a la vida en la que tras la búsqueda, la disconformidad y la exigencia no cumplida, se llega a la aceptación de la paz por la belleza: «aves del paraíso / cruzaban a gran altura el cielo en bandadas». Un libro memorable.

Joaquín Rico Consuelo

Profesor de Literatura en el Instituto de Estudios Hispánicos, Portugueses e Iberoamericanos de la Universidad de Utrecht

Bilthoven (Holanda), febrero 2014

La vida se compone de una caprichosa mezcla de ensueños, quimeras y desvelos que a menudo no comparten nada en común.

(Anónimo)

Y si siente que no hay nada en común entre los demás y usted, intente aproximarse a las cosas, que nunca lo desampararán.

Rainer M. Rilke
(«Cartas a un joven poeta»)

I. Meditaciones

a vuestros desvelos

la Naturaleza es un templo cuyos vivientes pilares
dejan salir a veces confusas palabras

Baudelaire

1

Hacer y deshacer

el nudo de la cuerda que ciñe nuestra vida;
hallar en su materia el hálito que da
el mismo sereno sentido de la muerte;
abrigar el silencio en lo hondo de nosotros
e iniciar un viaje a través de las imágenes
en el que una idea de regreso
nos parezca imposible.

Y acaso contemplar en la calma de las cosas
la llama del candil interior que las alumbra,
la aparente opacidad de los cuerpos
o el vector de la fuerza que los genera,
la mecánica que rige, en fin,
el fenómeno de la inconstancia,
el olvido o la pasión
de un amor primero.

2

Observad un pedazo cualquiera de la tierra:
un matojo,
una piedra,
la misma irregular geometría de las sombras...

Y la tierra impone su mineral constancia.

En algún lugar el humo
de unos pinos que fueron calcinados,
el cerco que limita el área devastada...

Y la tierra reproduce, porque sí, la vida:
unas manos,
un suspiro,
el corazón de un ave que palpita...

Es la heredad mal entendida
quien reclama consenso.

3

Me pregunto si la excava de estas ruinas
hace que los días se prolonguen
como extensos campos baldíos.

Quizá no hay razón para la búsqueda,
pero sí,
pues el eco del metal corroído
fuera arcana plegaria de muchacha,
o este tramo de muro de mampuesta
el recinto sagrado de su templo.

Acaso el azote secular de las avientas
al abrigo de esta choza levantada con adobes,
acaso los pedazos de estos cántaros de barro
anunciaron otro tiempo,
anunciaron otro tiempo y allanaron el camino
hacia un mundo insalvable
más vivo.

4

los dioses son dioses porque no se piensan

Fernando Pessoa

Cuando el chamán hace frente

al devenir de la tribu
se viste de abalorios,
sortea pequeños huesos cricoides
sobre la tierra rojiza entre semillas de boj.
Musita un salmo secreto,
ungüenta de lodo y afeites su tinto busto altivo.

Luego será un continuo
entrar y salir de la caverna,
el clamor hondo y creciente junto al sahumerio
de un montón de turba que se consume al fuego
y tantos días y tantas lunas
como nativos aguardan
a someterse al rito.

5

Hacia el amanecer camino sobre mis pasos
y contemplo sus alineadas huellas.
Ahora la vida posa en silencio
aguardando la claridad del día
que asoma igual de nítida y sencilla.
Pero siempre no hay alba ni luz, sino
hosca certeza
de la brutalidad que esconde.

Tañe a lo lejos la palma del rapsoda,
adivino su cántico apenas perceptible,
su vano transitar por estas cuencas
de agudas estacas y extensos desmontes,
por estos caminos sembrados de polvo
donde brisas de sílice molida
cabalgan
sobre esquinados muros y cantos de laja.

Agito los brazos, arrojo piedras,
clamo, pero es inútil, no me ve,
pues ya lo cubren
las pupas de la infamia.

6

Alzas tu mano cargada de barro,
amasas la tierra en forma de huella,
invocas a la lluvia que mojó los cultivos.

Superas la distancia,
el hueco del tiempo que transcurre
entre el albor y tus hombros.

Tu frente quedó limpia cuando el pájaro
tomó altura sobre los huacales.

Al mediodía, bajo el cobertizo,
reciben su clase
un puñado de muchachos...

solo finas líneas de separación
dividen frecuentemente el conjuro y la plegaria
Robert H. Lowie

Al pie medieval de los muros
día a día moraba la inquietud:
tumbas de sortilegios,
herederos videntes de piedra,
estantiguas en círculos de fuego...

Dictaran a un tiempo cetro y espada
condenar al dios oscuro,
mas para entonces
el cráter del crepúsculo
alentaba la tierra inseminada.

8

terminada la juventud
se está a merced del miedo
Olvido Gª Valdés

En este tiempo fugaz en que vivimos
oteamos con lástima
en el desván de la vida.

Y este tiempo presente,
que ya nos aguardaba radicalmente al principio,
poco a poco va perdiendo su magnífica textura
que se ha ido consumiendo mientras nos acercamos
de cuando en cuando a la muerte.

9

Así es como siempre fue la vida:
mar y barcas vacías,
tabernas donde el capitán
aguarda a otros hombres,
andanada desde donde oímos
batir el agua contra la rompiente,
ser pasto de niebla,
sentir y lamentar sus calladas mordeduras
cuando nos aferramos, aún,
a sus muros derruidos.

Y así como amanece, por fin, la costa,
así de súbitos los arrecifes
y falsos varaderos,
pero también, tierra adentro,
la soledad que rinden
los páramos míos.

10

La mar azul, plana y espumosa,
viene a romper lo imprescindible
en el bisel de la arena.

No sé de qué estatua es la arena,
en qué avatar doblegó su armadura,
o solo fue simiente nacida de la tierra.

Al atardecer, las cartografías
alumbran tonos ocres, mientras
las tibias olas barren su propia luz.

Y queda el sórdido respiro del crepúsculo,
las últimas puñaladas asestadas a la tarde
desde el perfil marino de las rocas,
pues en todo parecen implicadas.

Este fondo calmo, ondulante de madréporas,
me recuerda en nada un maizal,
y aún cuando todo queda intacto
la marea, sin más, avanza...

11

Nos ha dejado la luz de la memoria
a solas con el tiempo de las tribulaciones:
sin gestos,
sin pertenencias,
sin costumbres...

Nos ha dejado sin embarcaciones,
a esa mala deriva de los presentimientos,
dispuestos al desprecio y a la irreverencia
como vulgares héroes que acaban de entregarse.

¿Y qué fue, en el entretanto,
de aquel ámbito de pureza
que rodeaba nuestros más jóvenes
e insobornables pensamientos?

12

Se anuncia que no es éste
el tiempo más fecundo para la poesía,
para el espíritu sereno que domina las palabras
sobre el árido espacio que en derredor se extiende,
o como si el pasado, al fin,
se hubiera desprendido de nosotros,
pues ya no quedan símbolos donde mitigar
el nuevo duelo de otra derrota.

Y así pasan los días,
huyéndonos uno tras otro:
altos,
pálidos,
desnudos...

Poco más que decir
cuando poco más sabemos.

II. La hora de Lacan

*A quienes los dioses quieren destruir
los vuelven locos primero*

Eurípides

13

Cuando se nos acerca cada nuevo amanecer
y desistimos ya de conciliar el sueño,
tras haber perdido el tiempo en vano
librando batalla contra los fantasmas
que uno a uno socavan la razón,
se nos revela el temor a un mundo vacío,
a la realidad desnuda donde acaba
la virtud de nuestra efímera existencia,
y apenas distinguimos lo que nos sobrecoge
de aquellas otras sombras sobre las que cabalga
abrumadoramente el enigma.

14

¡compadécete de mi, quien quiera que seas,
sombra u hombre verdadero!

Dante

Sombras erguidas,
sombras alargadas que me amedrantábais
ondulando en las fachadas como una hoz.

Sombras de presagios,
¿o solo sois acaso humo negro,
ceniza de la noche, sus rescoldos?

Sombras que me perseguísteis hasta el alba,
hasta atravesar mi cuerpo: ¿acaso era burla
la sangre derramada de mis venas?

Pasé los días levantando los cadáveres
que había contra el suelo, cada vez esperaba
hallarme yaciente en el próximo.

Al fin llegó el pánico...

(Durante un tiempo
anduve enfermo de los nervios)

16

pero... ¿qué vió la paloma antes de caer?

Juan L. Panero

La boca afilada del cuervo
luto clava
al cuerpo de la mazorca,
doblega la mirada, carroñea
sobre la piel del óvalo desnudo,
y el pálido descanso del búho
ha de saberse merecer
el manto protegido de la noche.

Durmientes las águilas,
sería imprudente desoír
tan horrísono vocablo: LECHUZA !!

Y tan apremiante...

17

más fuertes que el alcohol, más vastos que nuestras liras
fermentan los rubros amargos del amor
Rimbaud

El calor tendido a lomos del viento.
Tras la ventana el silencio es débil
y agoniza suavemente.

Fumar de nuevo, y en el humo
la voz poética silba tu nombre,
mientras en la vitrina
botellas de bourbon velozmente se renuevan.

A nuestras bocas hemos de entregar
lo que calma
la clara tendencia a la locura.

De la ciudad nadie regresa,
hay que atravesar una puerta y conversar
con un guarda que mantiene
alto un puño duro.

En el interior
existe un pozo blanco,
mas el guarda lo tiene para sí.

Detrás hay unos áticos
llenos de luz,
sin ascensor,
sin techos...

Más allá quedan las zanjas.

19

En el semáforo.

Hay un hombre que habita en el semáforo.
Es un hombre pequeño iluminado:
rojo o verde,
verde o rojo.

Es un hombre pequeño de negocios
que quién sabe si un día
acabe por decir
que si quieres un empleo.

Entretanto los vehículos
cruzan velocísimos...

20

... y la elegancia en la piratería,
oscuro capitán Elphistone

Blanca Andreu

El portón de proa se arrancó de cuajo,
el palo del puente cayó sobre el timón,
bajé a la bodega
y en un feroz envite
se me vino la carga encima.

Así fue la manera
de quedar sin una pierna.

Ya no he vuelto a surcar el mar,
pues hice tal promesa
como castigo
que sirviera de escarmiento.

21

Iba a decir mentón largo
y cabellos cortados a azada,
nucas rubias de la pubertad
a oír misa.

Menos mal que ha dejado de llover
y luce el sol
en el tapial de los clérigos.

«Magencio»
(no pudo ser otro nombre).

22

Levemente la luz
            naranjoamarillenta
ilumina las vasijas.

Al fondo un mar de espigas
ofrece una espiga de cal muy blanca,
mas prende la mácula de barro
y el galerista...

anuncia la hora de cerrar.

23

Lochas habitan la degolladura.
El río atruena y las cubre
y advierte de lo súbito.

Cerca, el rumor del agua
entiba la floresta.

El musgo escala sobre la pared
y no abandona su adherido nombre.

Ahora el escalador
es quien ha caído...

Frente a unas negras cajas colgantes
la lívida distancia
que se abre entre los cuerpos,
dulce oscuro fuego incesante,
luz polícroma
que estalla sobre la muchedumbre.

El agitar trepidante
del carbonoso hechicero
quedó en un rincón *di caverna di Roma*,
pero afanado en su ritual empeño
convoca a los demiurgos
y aguarda el sortilegio.

25

Remansa la noche en las terrazas
a la vera de los restaurantes.

Pronto se llena todo de especias,
de cestillas de luces venecianas,
de cigalas en calma impavidez
y de gentes perfumadas
acomodándose
al tiempo que zarpa
calladamente un yate.

Zarpan las ocas blancas
unidas hacia el centro del estanque.

Impávida, miras desde el balcón
la claridad del día.

En el comedor,
puntuales como en las bodas,
ancianos desvaídos aguardan turno.

El balneario cierra en septiembre.

Pequeña Lidia, mejor no te nombro.
Provoca tu recuerdo
finísimos cortes en mis yemas blancas.
Tú ya no sangras pues ya amanece.
Desempolva el reloj
y no discutas las horas.
Vayámonos,
el tiempo hoy no está seguro.

(Era sutil como la muerte).

De nuevo sobre mí
derramas tu inconsciencia,
pues las cuencas de mis ojos
con tus manos has rozado
y al tiempo
a mis pies han caído
como cáscaras al suelo.

Y ya ciego y nervioso
y pálida mi frente sudorosa,
tanteo la mampuesta y fumo
sin pausa apenas los cigarros.

Así pues, amor, ni se barra
ni se friegue
nuestro hogar por unos días.

Hemos de ver en qué acaba
éste último prodigio tuyo.

29

*me moriré en los versos largos
como la mancha de la desesperanza*
Luis T. Bonmatí

Regresaré vencido de las sombras,
aprenderé la ciencia del silencio,
permitiré que derriben mis ruinas,
navegar hacia el vacío deforme,
aguardar oculto el abandono,
olvidáralo todo y uno a uno
vivir los días
de la desesperanza.

Antagonía

Luz,
cabellos,
rocío,
ojos entreabiertos,
ARDEN llamas de menta.

Fondo,
sombra,
piélago,
también se denomina
ENORME pantano
de amapolas azules.

III. Amar a tientas

*Lo importante no es lo que sentimos por una mujer
sino lo que se siente cuando estamos junto a ella*

Paul Morand

31

Ahora mi quehacer he de mostrarte
con estos versos nuevos,
y a cambio pido, tan solo,
tus días de luz
y tú misma desnuda.

Digamos que es lo justo,
pues en estos versos,
en estos sonidos de mi voz,
yo mismo me desnudo
me otorgo en tu lecho y te convoco.

Mírame y di, amor, si no ves algo más
que encendidas palabras.

nada hay tan dulce como una habitación para dos,
fuera de la ciudad, en un hotel tranquilo
J. Gil de Biedma

De mi memoria emerge, al cerrar los ojos,
el hostal que albergó nuestra huída.

Quedaba alejado del pueblo,
eran calladas sus estancias,
retiro de gente perdida
en busca de un modo de hallarse
para desentenderse.

Cobijo de *muestálfides*, pues tú,
cada noche, tan solo cenabas
una vértebra hervida.

Pero di, antes de que se cierre otro invierno,
si aún hay tiempo para desconvocar
a quien vierte su infamia
sobre nuestros tímidos bustos
y ahogan con sus prédicas
el murmullo de nuestros besos,
pues eres tú mi único mandante,
solo a ti a quien me someto,
por quien soporto mi yugo y mi cerclaje,
y solo ante el atisbo de un leve deseo tuyo
desatas en mi cuerpo afán de esclavo.

33

Me gusta lo que amo de esa joven muchacha,
quedar junto a ella en su misma quietud,
esa mansa quietud que nos arroja
la mirada del cielo bajo la luz del día.

Oir el tierno latido de su pecho,
morder cara a la tarde sus cálidas cumbres,
darme un vuelco el corazón a cada madrugada
que acaba con sus ojos clavados en los míos
y anunciar así su adiós,
como golpe de lápida que cierra y me confina
de nuevo en el vacío que anega mi sepulcro.

Si al menos pudiera demorar ese instante,
sabría que vivir es como una brisa
que no termina de romper contra nada.

34

De nuevo esa voz que en mí resuena
como el vuelo ondulante de las aves
en los días claros
de los montes templados.

Acunas las palabras,
haces que caminen moviendo sus contornos,
dictas el vaivén de una frase
cargada de intenciones.

Abrigas la imagen de un ángel cansado,
el vuelo extinguido de los ánsares a la deriva,
el avance sereno que mece las canoas
más que navío que empuja el viento,
más estanque que aquieta el silencio
que bronco oleaje que mide la rompiente,
más engalanada de pudor y de misterio
que de falsa arrogancia
que asoma para combatir
el aire tentador que recorre tu cuerpo.

35

Yo he vendido ya todos mis bienes,
mas queda por hacerme a la idea
que el hueco que se forma en cada despedida
crece como piedra
que rueda sobre la pendiente.

¿Y adónde conduce su rodante itinerario?

A una tierra que abriga la esperanza,
que discurre al mismo tiempo entre cauces solitarios,
a una tierra que también a ti te aguarda
y se impone como tú
frente a ese constante vaivén de lo humano,
a una tierra de cultivos y oliveras,
de aves menudas y claros amaneceres,
menudas como tus manos, benévolas
como tus caricias.

Yo en tu mundo soy un pie furtivo
y recorro de una en una sus varadas aldeas,
anchos cenizales de un corazón que amó a tientas
a la sombra que cada noche
proyectaba bajo sus cobertizos.

Te vas, amor,
como las hojas rodantes del otoño,
dejando tras de ti
una leve caricia contra el viento,
un corazón que arrancado de mi pecho
quedó como un reguero de sangre y cenizas,
y fué más el dolor que habitó mi espíritu
que el profundo vacío que en el tiempo alcanza
la enorme magnitud que divide el mundo.

De tu espalda tan solo me separan unos pasos
y aún, amor, no se quién eres,
pues igual que amaneces a la luz del alba,
habitas en la sombra de aquellas pirámides
o cruzas en la noche la oscuridad del templo.

Y después te vas, amor,
como el amor más breve de unos días,
cerrando todo paso
a esta vida mía pendular y ausente,
a esta vida breve que se aleja de nosotros
con aires de derrota,
sin pena definida,
señalando con gesto indiferente
el preciso lugar donde te espera.

37

¿Y qué me queda entonces
si ahora he de perder
tu imagen de lluvia detrás de los cristales,
dulce laberinto que se advierte
más allá de todo frontispicio
y anuncia la calma varada de tus ojos,
único y verdadero soplo de vida
donde huyo y me asomo
para reconocer el mundo?

Pero me queda
este baluarte de tiempo en que existes,
tiempo hasta morir como diría Rilke,
tiempo y no dejar de pensar y rendirse
ante el difícil deber del olvido,
antes de saber acaso
el único y onírico dilema
que los astros deciden.

Abre la carne heridas de ausencia

cual rojo deseo en pie de cristal.
Armad el brazo de la palmera contra el viento
en incesante y apocalíptica batalla,
mirad al frente, no esperar refuerzo,
la espesura del sol
ya no quiebra el horizonte,

mas te aguardo como a un prodigio.

Asomas a la luz
entre tibia y hermosa,
como quien se ha aburrido
de su último ajuar de amor
y en arrebato
lo arroja al cauce sereno de los días.

Veo tu corazón tras el vestido
de esa joven muchacha que despierta,
que amanece y a veces se adivina
en el hondo latir de las albas pálidas.

Pero no me equivocas, mi clarividencia
aún va más allá
de lo inmoral de tu cuerpo.

¿O acaso hay algo más
que piedra en tu mirada?

40

En este vacío rincón de mi armario
se alojaron una vez tus vestidos,
aún percibo
la débil fragancia de sus hojas,
el trasluz otoñal de sus tejidos
como ramas secas
donde la tarde alumbra.

El mismo reloj de la alcoba
anuncia la hora discreta
en que el tiempo discurre sobre el tedioso día.

Y así,
vencido por la fuerza del recuerdo,
me asomo hacia lo hondo en medio de este mar
de ausencia varada en que naufrago.

Oigo ahora tu voz como un susurro
que recorre la alcoba

y cierro la puerta del armario.

De nuevo contemplo a solas
la luz de tus aguamarinas.

Hermoso sueño permanecer así
iluminando mis días,
haciendo que cruce ante mí
otro vaivén de miradas perdidas,
un soportar apenas
el más leve de tus desencuentros.

Ahora pues,
corrige mi doblada andadura,
adormece el anhelo de vivir que me ahoga,
amaina esta lluvia
que cae sobre los cristales,
que la fuerza del sol por igual ilumine
el vuelo de la mariposa
y la cálida estancia
callada donde te cobijas,
o el umbral de la lenta espera
cuando al fin
anuncie la hora en que amanezca.

42

from Kilmurry village
(mead-western coast, Ireland)

Llegará un día, amor,
en que el algar salobre del estanque
aflore de la fuente y el agua de la vida,
y yo me asomaré a lo alto
del tibio umbral que ilumina tus ojos,
salmo de luz a un tiempo
que mana por igual de tus blancas *opálides*.

Recoge ahora este ramo de lirios,
ornamenta así tu refectorio,
pero no reveles, aún,
cuál será tu virtud de esclava.

Sé que aguardas la hora de poniente
y ver cómo rompen las olas en Dingle,
mas para entonces
yo ya estaré camino del poblado.

Hoy la lluvia también desbordó el río,
oíamos crecer la rodadura de sus aguas,
en tanto tú, cara a la tarde,
te ibas haciendo cada vez más presente
pues junto al fuego
un humor espeso anudaba mi garganta.

43

La verdad de los lunes
es que siempre han sido un mal día.

Ahora, poco a poco
se va encendiendo la noche
y tú
lo único que has de hacer
es permanecer aquí, huída
junto al mar, indiferente ante mí,
de espaldas a la tierra
y hacer que yo también permanezca.

Dominar el tiempo es cosa de dioses
y de nosotros aventurarnos
y arrancarles
un pedazo de sus dominios.

Veo desde la terraza
cómo despunta el sol
en las finas hojas de las acacias.

Desde aquí se domina la bahía,
la mañana reciente
que hace no pensar en nada.

Mas...
¿qué son sino hondos surcos en la sombra
la hermosa luz que anuncia el día,
o cómo se desnuda al alba tu pudor
en las aromadas lindes donde al fin
acabaré tendido?

¡Qué fecunda es la tierra!
la tierra donde habitas,
la inmensa oquedad de las palabras
después de que invoco tu nombre.

Parece como si el sol
no deseara hoy tomar su órbita;
las gentes aún duermen
y la brisa, tierna y plácida,
me lame el rostro.

45

«quan la tenía entre els meus braços
l'estimava de veres»...

E. Rodriguez Bernabeu

Paseamos la tarde en los caminos
tan atento todo a tu alrededor,
pisábamos los cantos desnudos,
sencillos, por las orillas en tropel,
esparcidos como vanos restos
de los farallones en los barrancos.

Era limpia la miel de todo aquello,
volver a casa oliendo a sol deshecho,
ver oscurecer despacio,
y mirándonos ¡ay, mirándonos!
mientras un viento del sur
acercaba las flores del tomillo.

Apéndice

...pero cuando le digo que está entre los afortunados
que vieron la aurora sobre las islas más bellas de la tierra
sonríe ante el recuerdo y responde que el sol se alzaba
cuando ya el día era viejo para ellos

Cesare Pavese

46

No serían más de las cinco de la tarde,
la lluvia templada caía sobre la maleza,
apenas quedaba ensombrecido
por un manto de nubes
el mundo del sol.

Estábamos tan cerca
de aquel perdido océano de islas,
de aquellos arenales de chozas trashumadas
que en los atardeceres oíamos crujir
el mar amenazante sobre la empalizada,
troncos a la deriva,
maderos resquebrajados,
o alzarse en la noche
un temblor de espantosos graznidos
que a veces lanzaban
las aves desde el *gaviotal*.

Hacia la madrugada oteábamos el horizonte,
antes de que al amanecer
vislumbráramos de nuevo
un reguero de magma incandescente,
ladera abajo
fluir desde el volcán.

Quedábamos al fin al socaire de los días,
a veces en la playa
extendíamos las redes,
otras visitábamos la gente del poblado,
cargábamos especias,
semillas
frente a los cocotales...

Durante quince semanas,
aves del paraíso
cruzaban a gran altura el cielo en bandadas.

AUDIOLIBRO

https://www.cuadernosdelaberinto.com/audiolibros/NADA_EN_COMUN_JOSE_ANTONIO_BUIL.mp3

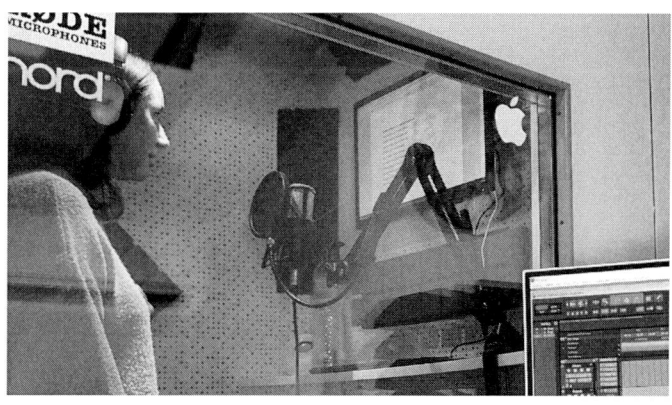

La rapsoda Ángela Devesa durante la grabación del audiolibro de *Nada en común*

ÍNDICE

Prólogo .... pág.   7

Presentación. Primera edición................. pág.   13

I. Meditaciones................................ pág.   19

II. La hora de Lacan.......................... pág.   33

III. Amar a tientas...................... pág.   53

Apéndice .... pág.   71

Audiolibro .... pág.   75

ACABOSE DE IMPRIMIR
ESTA EDICIÓN DE
NADA EN COMÚN,
DE JOSÉ ANTONIO BUIL
EL DÍA 15 DE OCTUBRE DE 2024,
ANIVERSARIO DEL NACIMIENTO
DE ENRIQUE JARDIEL PONCELA

*El amor es como las cajas de cerillas, que desde el primer momento
sabemos que se nos tiene que acabar,
y se nos acaba cuando menos lo esperamos.*

LAUS DEO